LOCUS

LOCUS

LOCUS

LOCUS

Smile, please

台灣經濟的苦難與成長

溫世仁⊙著

蔡志忠⊙繪圖

50年代苦難的日子從無到有；
60年代外銷工業萌芽並茁壯；
70年代中小企業成長大躍進；
80年代徹底工業化持續努力；
90年代新生財團創造知識財；
台灣即將邁入另一個50年，
前瞻西元2000年、2001、2002、
2003……
我們感謝過去充滿苦難與成長的五
十年，並且記錄它。

知識就是力量

李國鼎的前言

溫世仁先生繼「成功致富又快樂」、「前途」兩本書後，以其親身經歷透過敏銳的觀察和縝密的思惟加上生動的文筆以及開闊的視野完成了「台灣經濟的苦難與成長」這本書。以企業人的角度道盡了五十年來的台灣經濟——涵蓋了五〇年代的農業文明，六〇至八〇年代的工業文明以及九〇年後的資訊文明，書中以生財體系、社會體系、政治體系、思想體系等四個構面分析台灣的變遷。不僅為歷史作見證，也為未來勾勒藍圖。兼具了企業人的踏實與知識分子的襟懷，為文如行雲流水，舉例則生動活潑，說理則邏輯分明，言簡而意賅，誠為值得一讀的好書。

台灣經濟的成長端賴大家共同的努力，回首來時路，從無到有，由少變多，我們勇於嘗試和創新，胼手胝足，奠定了基礎。昔日的中小企業茁壯成中堅企業乃至大型企業集團。不論生產與行銷，我們將彈性和速度的優勢發揮地淋漓盡致。展望未來，我們將面臨挑戰，但也充滿了蓬勃生機。身為經濟

建設團隊的一分子，本人參與了許多的決策過程，細讀此書之餘，樂於向各界朋友推薦。西諺有云：「知識就是力量」，衷心期盼閱讀本書的朋友從擁有知識進而運用知識，以發揮生生不息的台灣競爭力，創造新的經濟高峰。(本文作者為總統府資政)

台灣能！

吳榮義的前言

台灣的經濟發展常常被當作「奇蹟」。假若我們對於「奇蹟」的解釋是「其他國家做不到的事情，我們卻能做到」，那麼台灣的經濟發展歷程被稱為「奇蹟」的確當之無愧。回顧台灣的經濟發展可明瞭，經濟能否持續成長與長期產業結構轉變過程息息相關。日據時代的農業基礎奠定往後經濟發展的根基，戰後工業的快速發展過程恐怕也是史無前例的，若從工業部門在整體經濟所占比例的上升程度觀察台灣工業化的過程可發現，台灣工業部門的比重自1950年的21.3%快速提昇至1986年47.1%的最高峰，然後就逐年下降。到了1996年，農業、工業及服務業占國內生產毛額的比例分別為3.3%、35.6%及61.1%，實際上，台灣已經是一個以服務業為主的國家。

由於台灣之國內市場有限，因而整個工業化的快速發展實際上是依賴出口部門的急速擴張；換言之，台灣工業產品在國際市場是否具有競爭能力是促成出口高度成長的關鍵因素，亦為工業部門快速成長的主力，故就台灣經濟發展經驗而言，出口擴張、快速工業化

與經濟發展事實上是一體兩面。

台灣的出口工業主要以中小企業為主，這些中小
企業如何創業及開拓國際市場便成為決定台灣經
濟快速發展的關鍵因素，而本書作者溫世仁先生
就是一個典型中小企業創業成功的例子，其創業
奮鬥的過程，事實上就是一部台灣經濟發展的歷
程。從作者創業的經驗，我們深深感受到中小企
業創業的艱辛，亦反應台灣這50年來經濟發展的
奇蹟背後，幾十萬家中小企業鮮為人知的創業艱
苦歷程。

長期以來，台灣經濟研究院一直以調查研究國內
產業的發展、政策及現況為主要研究方向，對於
最近十年來台灣產業結構的快速變化、產業發展
的前景與策略，亦為本院關注的焦點。根據我們
的研究，自1980年代中期以後，受到台幣大幅
升值及工資快速上漲等因素，使得傳統產
業失去國際競爭的能力，致使勞力密集
產業紛紛出走國外，故而有產業空洞化
的疑慮。所幸機械及電子產業的快速
發展，平緩了傳統產業外移對國內整體經
濟所造成的衝擊，使得台灣的產業及出口仍
能維持不斷地成長。因此，電子及機械產業如

何能夠脫穎而出,自然成為我們關注的對象。

溫先生的公司以生產手提電腦為主,在公司主要幹
部的領導之下,營業額從1991年的47億元,至1996
年大幅提高到435億元,在普遍不景氣的市場中,仍
有如此佳績,實令人刮目相看,因而特邀溫先生到
本院演講其經營企業的經驗及理念,其內容相當精
采,著實使本院同仁受益匪淺。現在溫先生將其講
稿整理出版,將有更多的讀者受益。以溫先生個人
的敏銳觀察力及創業經驗,加上深入淺出的文字娓
娓道來,除有助於相關人士分享其經驗,本書亦為
我國的經濟發展做了一個最佳寫照。故本人非常樂
意為本書之出版寫序。(本文作者為台灣經濟研究院院長)

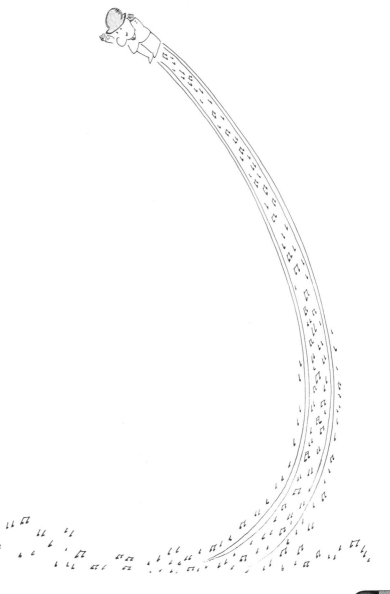

企業人眼中的台灣經濟50年

溫世仁的序言

有一次，在一個早餐會中，未來學家托佛勒博士
（Alvin Toffler）將他所著的「第三波」這本書的原文版
送給我，當時我告訴他說：「我看過你所說的三波
文明。」他問我是不是看過他「第三波」的中文版，
我說我不但看過第三波的中文版，而且在我一生中親
眼看到他筆下的三波文明在台灣出現。

回顧台灣過去的50年，大多數人都會覺得很複雜而
多變，但是從文明的觀點來分析，台灣事實上在過去
50年經歷了托佛勒筆下的三波文明，就是：

第一波：農業文明（1950年代）
台灣在1950年代，基本上是一個農業社會。

第二波：工業文明（1960年代、1970年代、1980年代）
從60年代到80年代，這30年，台灣從農業經濟轉到
工業經濟，所謂第二波文明——工業文明。80年代可
說是工業化的最高點，同時我們也開始資訊化了。

第三波：資訊文明（1980年代以後）

80年代以後，台灣又逐漸的轉到所謂的第三波文明——資訊文明，就是以資訊為核心的一個社會。

蔡志忠和我都是在1948年出生的，今年我們都走入了生命中的第50個年頭，我們走過了、觀察了、參與了台灣過去50年的發展過程，我們一直希望用很淺顯、很完整的方式去寫一本有關台灣經濟發展的書，讓所有的人都能在兩、三個小時之內，一目了然的看到台灣過去50年的經濟發展過程及現象。這本書沒有經濟學家的理論基礎，也沒有統計學家的精密數字，但它是一部活生生的寫照，它所說的是真實的故事。

台灣這個缺乏資源，沒有政治地位的彈丸之地，如何在過去的50年間，從貧窮發展到今天足以傲世的經濟成就，它是怎麼做到的？它付出了什麼代價？它未來的走向如何？是這本書中所探討的內容。

歷史是時間的鏡子，用簡易的方法來分析歷史，也許比較粗糙，卻有助於掌握全貌。

在本書中，我們以時間為縱軸，以文明的結構為橫軸，分析在過去50年的台灣經濟發展，以每10年為一個單位，探討該段時間，生財體系的開發所帶來社會

Made in Taiwan
台灣經濟的苦難與成長

體系的改變，以至於政治體系及思想體系的變化。本書中所提到，在台灣經濟發展中重要的人物，我們都直呼其名，不稱先生，一則避免太冗長，一則較真實，在一個生命共同體的小島上，直呼其名，也許會比較親切些。

1950年代，我只是一個小孩，1960年代是我中學和大學的生涯，對這二十年所發生的事，多是憑當時的記憶及後來閱讀許多前輩的著作所知的，為此我曾拜訪台灣經濟發展的偉大導師李國鼎資政，向他當面求教，88歲高齡的李國鼎在兩個小時的口述中，詳盡的道出台灣經濟發展的歷史，談話中他的眼睛彷彿又回到從前，我們都可以感受到，那是英雄的歲月。本書能同時得到資政李國鼎及我的知音台灣經濟研究院吳榮義院長為我們作序，實為莫大的光榮。

本書最後的章節，是我們對未來的預測和期望。在一個多變的時代，任何對未來的預測，都會有一定的變數，我們所以用比較肯定的語氣，避免用太多可能、大概之類的說法，是相信讀者在閱讀時會加入自己的考量。

人往往在苦難中長大，在過去的50年中，台灣的中

國人用勤勉、智慧和毅力創造了台灣經濟奇蹟。回顧這50年經濟發展的艱辛過程，在享受經濟成果及展望未來之際，讓我們衷心地感謝那些默默的為台灣經濟發展流血流汗的人。

註：「第三波」是未來學家Alvin Toffler未來三部曲中的第二本著作，於1980年出版，描繪最近科技與社會的革命性改變，並將其放入歷史的座標中，來描繪它們會對未來造成的影響。作者將一萬年前的農業革命歸為轉變人類歷史的第一波，工業革命稱為第二波，並將1950年代中期開始的科技與社會改變稱為改變人類歷史文明的第三波──就是後工業化文明的新文明。指出未來的新產業──將以電腦、電子、資訊、生化等為基礎，並預測到彈性化生產、市場利基、兼差工作方式的盛行，和媒體小眾化等新趨勢。同時描繪出生產者與消費者合一的新形態──產消合一，工作場所將再從工廠移回家中，及其他政治、國家體系的種種改變。

第一波　農業文明

第二波　工業文明

第三波 資訊文明

Made in Taiwan
台灣經濟的苦難與成長

目錄

知識就是力量／李國鼎

台灣能！／吳榮義

企業人眼中的台灣經濟50年／溫世仁

Chapter *1*

苦難的日子——生於憂患（*p.17*）
1．走過五〇年代
2．文明的浪潮

Chapter *2*

外銷工業的萌芽——開始敲希望的鐘（*p.27*）
3．走過六〇年代
4．六〇年代的社會浪潮
5．六〇年代的政治浪潮

Chapter **3**

中小企業的成長——開出美麗的花（*p.37*）

6 . 走過七〇年代

7 . 七〇年代的社會浪潮

8 . 七〇年代的政治浪潮

Chapter **4**

徹底工業化——台灣錢淹腳目（*p.51*）

 9 . 走過八〇年代

10 . 八〇年代的社會浪潮

11 . 八〇年代的政治浪潮

12 . 八〇年代的思想浪潮

Chapter **5**

新生財體系——用知識創造財富（*p.67*）

13 . 走過九〇年代

14 . 九〇年代的社會浪潮

15 . 九〇年代的政治浪潮

16 . 九〇年代的思想浪潮

17 . 五十年來的省思

Made in Taiwan
台灣經濟的苦難與成長

Chapter **6**

未來的日子——西元2000年，理想再燃燒（*p.87*）
18．開創新未來

Chapter **7**

感謝——謝謝大家（*p.91*）

後記
漫畫家眼中的台灣經濟50年／蔡志忠（*p.93*）

Chapter *1*

苦難的日子 —— 生於憂患

莫要企圖一舉造海，必須先從小溪做起。
——佚名

50年代多功能椅條

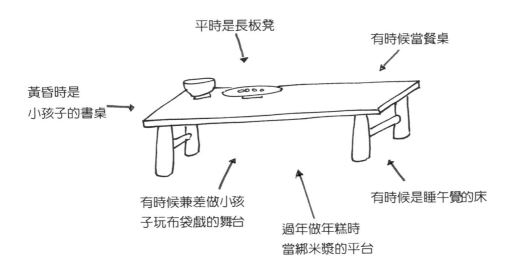

平時是長板凳

有時候當餐桌

黃昏時是
小孩子的書桌

有時候兼差做小孩
子玩布袋戲的舞台

過年做年糕時
當綁米漿的平台

有時候是睡午覺的床

1.走過五〇年代

在貧窮中奮發，在改革中成長

1950年代我還是一個小孩，那年代可稱它為苦難的日子。我們做企業的最怕經濟學家的統計數字，因為我們通常對統計數字沒有什麼概念，但有四個數字一直是我們做企業，也是我個人相當關心的，那就是工資、每人國民所得、出口金額及外匯存底。

1.工資：就是在那一個年代的工資多少錢，這直接反映到我們的競爭力跟成本。
2. 每人國民所得：國內總生產值除以總人口數。
3. 出口金額：外銷企業出口的總金額。
4. 外匯存底：流入外匯金額減去流出外匯金額所產生的外匯存底。

這些數字在1950年代事實上不具備有太多意義，因為當時連台幣對美元的匯率都還搞得一塌糊塗，只是一個參考。有人講在1950年代我們每人國民所得是低於50美元，也有人講是低於80美元，大約是這樣一個參考數字。

每月工資：0....美元

每人國民所得：80美元以下

出口金額：1 億美元

外匯存底：0

1.貧窮

今天的孩子，不能了解什麼叫做「貧窮」，可能也聽不懂。事實上台灣在50年代有過相當貧窮的階段，我今天要講的故事就是一個五歲的孩子在1953年台灣中部，親眼看到的一個貧窮的景象，這個五歲的孩子就是我。什麼樣子叫貧窮，由幾個情況來描述：第一個就是吃飯沒有桌椅，過去在鄉下，吃飯的時候就是一條長的板凳，那條板凳在家裡是多功能的，大人可以乘涼，看戲的時候搬過去，吃飯時就搬出來，吃飯沒有桌椅，我們是蹲或站在旁邊吃，板凳上面擺著碗跟盤子。碗中沒有飯，只有一些蕃薯籤，就像今天麥當勞賣的薯條，但是上下還有很粗糙的皮，只有一點點米，好像撒胡椒粉似的，那就叫做蕃薯粥。盤中沒有菜，當然更沒有肉，當時吃的是粗鹽，像小花生米那麼大的粗鹽，就是尚未加工成細鹽的粗鹽，炒很細的蔥花，那個是要讓我們下蕃薯籤的。上學沒有鞋子穿，當時我還沒有上學，我看附近小學都沒有人穿鞋子，聽說是中學以後才有鞋穿。晚上沒有燈，水電什麼都沒有那更不在話下，晚上點一個小油燈，大概7、8點大人就將它吹熄睡覺去了，小孩子有時還要抓一些螢火蟲放在瓶子裡，怕晚上太黑看不見。更

大妹、二妹、三妹、四妹、五妹、小弟，萬歲！媽媽說：今天加菜耶！

Made in Taiwan
台灣經濟的苦難與成長

嚴重的是上廁所沒有紙，使用平常削好的竹片刮一刮就算了事。在廚房裡有一塊布，那塊布是浴室，要洗澡時把它拉起來，那個就是浴室。這樣的一個情況，是在台灣50年代像我這樣的孩子，當時看到一個貧窮的景象。

2.土地改革
事實上，在1954年土地改革已經完成，當時的省主席陳誠，就是後來的陳副總統，他進行的三七五減租、公地放領一直到耕者有其田，這不只是一個土地改革，除了佃農得到可耕地外，地主也得到一些公營公司的股票，對以後的工業化有一定的助力。在1954年土地改革雖然已經完成，但是那時候在鄉下的日子還是屬於一個貧窮的日子，是純粹農業生活貧窮的一個狀況。

3.軍政統治
當時的政治是由將近200萬跟隨老蔣總統過來的軍隊，統治著原本就住在台灣的600萬人民，總共七、八百萬人，採取的是相當嚴格的統治，甚至我們小孩子都還可以感受到。

4.美援
唸小學時，還有一些印象，那就是美援。後來我才知道美援在我們當時的經濟是相當重要的因素（按照

李國鼎的說法，美援是當時穩定金融及從事建設重要的一環。）小時候對美援的概念就是到教會領麵粉回來煮東西，麵粉袋還可以做內褲，很多人喜歡拿麵粉袋做內褲，因為它的布料比較好，當時的社會穿內褲就可以上街了，也沒有人管，還有人喜歡把中美合資的握手印做在內褲上。

5.限制進口

禁止進口。當時如果有人說他有一樣外國帶回來的東西，那不得了，大家都跑去看，後來我才知道那叫做「進口替代策略」。據說許多小型企業在這個策略下，就漸漸出現了。

6.三、三、三節育運動

在我小學五、六年級時，政府開始推行三、三、三節育運動。什麼叫三、三、三節育運動？就是每隔三年生一個孩子，總共生三個。在農業時代，叫人家節育，是很大逆不道的事，小孩越多，農業生產力越大，那時效果不大，但在60年代，它就產生一些效果。

1960年那年，我從小學畢業，考上師大附中的初中部，當時沒有九年義務教育，初中就要參加聯考，這些事情都是我在小學時候的一些記憶。

下面的小島叫福爾摩沙，我們外國人都叫她**TAIWAN**，聽說風景很漂亮，但是國家很小、很窮！

2.文明的浪潮

從托佛勒博士的文明結構圖看台灣的生財體系

在分析下一個60年代以前,讓我們先看一看文明的
結構。

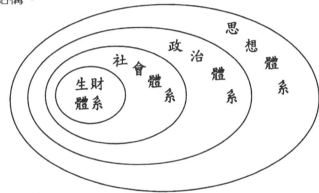

這是我跟托佛勒博士學的,他說文明是這樣產生的
,每一個文明,最早都要有生財體系,就是創造財
富的體系,在生財體系外面,圍繞它才產生社會體
系。幾千年前,我們的祖先在黃河流域創造了耕種
的方法,所謂農業時代的生財體系,圍繞著生財體
系,就產生農村的生活和農業社會體系,然後慢慢
在各個地方擴大,農村跟農村間的糾紛越來越多,
圍繞社會體系就產生政治體系,就是由誰來管,誰

來決定事情對不對，然後圍繞政治體系，最後才會產生思想體系，就有了天、地、君、親、師這類的思想產生，形成了完整的農業文明。底下的分析都是根據這個文明結構圖，來分析我們台灣過去的情況。

1960年代是我小學畢業以後，唸六年師大附中，然後進台大讀四年書的那一段時間，當時未加入社會活動，還只是一個學生。我查出來當時的工資大概是在2至3美元，因為60年代我們已經把台幣對美元的匯率定為40:1，以前幾乎是亂訂的，後來為了加強出口，貶值為40:1。那時候我們家開水電行請的小工，工資差不多是80元台幣一個月，當時的每人國民所得正確性可能比較高，是150美元；出口的金額大概2億美元。事實上，50年代的一億大部分可能都是農產品，這時候出口的附加價值出來了，外匯存底也有了，是7,600萬美元。

每月工資：2-3美元
每人國民所得：150美元
出口金額：2億美元
外匯存底：7,600萬美元

1960年代我們把它定義為「外銷工業的萌芽」。首

先我們來看生財體系的改變。

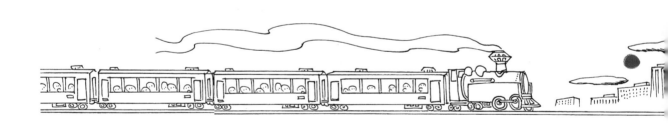

Chapter 2

外銷工業的萌芽 —— 開始敲希望的鐘

祈求奇蹟猶可，但絕不可依靠奇蹟。
——猶太格言

3.走過六〇年代

外銷工業萌芽時期的生財體系

1. 出賣原始本能

雖然當時我只是一個學生，但我也非常關心社會事情。整體來說，在60年代做的事情就是出賣原始本能，就是把台灣的原始本能拿去賣。因為當時我們的工資非常低，而且大家很勤勞，再加上經過日本人50年(1895-1945)的統治，國民黨又強力管理，人比較溫順，基本上是出賣原始本能，我們開始做些簡單的加工，就是所謂的勞力密集工業。

2. 鼓勵國人和外人投資

我們政府除了改善投資環境，制定獎勵投資條例，鼓勵國人儲蓄和投資，同時也吸引外國人來我國投資，生產純粹外銷的產品，比較有名的如通用電子、RCA這類的公司，陸續就進來投資，讓人民有更多就業機會，從出賣原始本能的出發點開始，我們大量引進外資。後來，沿街叫賣還不夠好，接著自己開了大排檔，就是我們成立了加工出口區，以使得需要工作的男女青年的就業機會增加。

3.成立加工出口區（1966年）

1966年到1968年先後成立了三個加工出口區（高雄前鎮、台中潭子及高雄楠梓加工出口區），是我們在增加青年就業最好的方法。大學時代我們常笑稱這些加工出口區是大的勞工營，但這也是我們在轉入工業時代唯一能提供的。我們講要工業化，最早講3M【Material(原料)、Market(市場)和Money(資金)】，後來又增加要Manpower(人力)，最後增加到7M，加入【Management(管理)、Machine(機器)和Method(方法)】等等，這些談起來，在當時1960年的台灣，我們只能提供人力，也就是要使人人能就業，來促使工業發展，讓我們轉入工業時代。

事實上，加工出口區是我們政府非常重要的創舉 — 世界第一個加工出口區。今天許多開發中的國家，都是學習這個模式的。

4.小型企業壯大（加工廠與代理商）

到後期，我們慢慢累積了一些國外的管理、技術，於是就有一些比較小型的企業開始擴大規模。那些小型企業大部分都是替那些加工廠做外包，供給他們零組件，做那些工廠的衛星工廠，或做代理商，協助他們產品外銷，規模比較大的，就代理國外電器等產品在國內賣，因為當時管制進口，所以他們就進口套件（CKD）來組裝，然後替他們行銷，這時

候一些本地企業就慢慢起來了。

註：CKD (套件) - Completely Knocked Down.

5.紡織業的成長

當時我們外匯不夠，自行生產代替進口。我們的紡織業是以早期和老蔣總統一起到台灣的前輩企業家帶來的技術和經驗為基礎，逐漸發展成上、中、下游整體的產銷體系。這個工業對台灣以後的經濟發展影響很大，一直到1980年代都還是台灣最大的出口產業。

6.塑膠業的崛起

王永慶等企業家，在政府利用美援貸款的支持及推動下，從一個每天生產四噸的聚乙烯塑膠工廠擴充到現代國內和國外均設立的大型工廠。同時，王永慶也設立塑膠加工工廠，使得產品可以在各處利用。後來，王永慶更以其個人強硬的作風及堅強的毅力，建立了世界上規模最大的塑膠王國，被譽為台灣的經營之神。

看一下同一時期，就是60年代的時候，社會產生什麼變化？按照托佛勒博士的理論，當生財體系產生變化的時候，社會體系就會跟著產生變化。」

3M
MATERIAL
MARKET
MONEY

7M
MATERIAL
MARKET
MONEY
MANPOWER
MANAGEMENT
MACHINE
METHOD

不管幾個M，中午吃的倒是麥當勞這個M。

McDONALD'S

4.六〇年代的社會浪潮

外銷工業萌芽時期的社會變化

1.孤女的願望

這是當時一首非常流行的歌，講的是一個農村的女孩到工廠做女工的心路歷程。當時為什麼會那麼流行，因為那時社會開始移動，工業社會人口要集中，不像農業社會是分散的，開始有人往工廠集中的地方集中。台北，高雄和台中是最先受益的。

2.窗外的電視族（1962年台視開播）

像我這般年紀的人應該都還記得1962年台視開播，當時一台黑白電視機的售價大約台幣5,000元上下，能買得起的人沒幾個，像我們這樣的窮孩子，常常下了課吃飽飯，趕快跑去有電視人家的窗子外面佔一個位子，為了看好節目，忍著不敢去上廁所，怕位子被別人搶走，這時候開始我們有了工業社會的娛樂，工業社會的特性就是連娛樂都是同時間看同樣的節目，也開始下意識的讓我們感覺到貧富是有差距的。

3.三、三、三到兩個恰恰好

那時候我們的節育政策從三、三、三到兩個恰恰

好。在農業社會時代節育是不被接受的觀念，因為在農業社會是人越多越好，而工業社會是家裡的成員越少越好，越能跟著工作去移動。由於主委蔣夢麟於1957—58年在農復會的提倡和許世鉅在農村的推動，加上李國鼎配合都市地區的推動，以及謝東閔在臺灣省的執行、倡導，兩個恰恰好才形成一個全面運動，才能使大家都可以接受。但是接受的前提是要生男孩才可以，因為還有農業時代的概念，卻要有工業時代的行為，那時候的人拼命要生男孩，要生男孩的結果，生了一大堆女孩出來，生了兩個男的也就恰恰好，一男一女也恰恰好，若生了兩個女兒，很不甘心，就繼續生，當時一個家庭有四、五個女兒一個兒子的情形相當普遍。根據柴松林教授的統計，在60年代、70年代生出來的女孩太多了，造成今天適婚年齡的女生比男生多。

5.六〇年代的政治浪潮

外銷工業萌芽時期的政治變化

外銷工業萌芽時期的政治體系是如何呢？

1.外貿政策（台幣對美元匯率40:1、外銷退稅、低利貸款）
當時的政治體系並沒有變化，它最大的貢獻，就是
建立外銷體制。尹仲容在1958年對外銷匯率作重大
變革，使得匯率終於在1960年安定在台幣對美元匯
率為40:1。再加上美援會會同有關單位草擬獎勵投
資條例，鼓勵工業全部外銷，而應沖退的原料、零
組件的關稅及貨物稅都退還。同時改變土地農業用
為主的傳統觀念，適度地將土地釋放改作工業用地
，這樣才把外銷工業所必需的環境建立起來。

2.美援終止、美國介入越戰
1965年美援終於停止了。中央政府由大陸遷台灣，
美援曾停止過一次，後來因為韓戰，美援在1950年
又恢復了，但1965年占我們國民所得10%的美援終
止了，在此同時美國介入越戰。但總括來說，我們
建立外銷為主的工業正好開始，因此美援的終止對
我們毫無影響。

Made in Taiwan
台灣經濟的苦難與成長

3. 嚴家淦的崛起和對台灣財經默默無聲的貢獻

嚴家淦的無聲奉獻三十年(1950-1980年)，嚴家淦擔任財政部長時，將不穩定的經濟建立預算制度，土地改革三步驟的支援，在耕者有其田條例中，靜悄悄地把四大公營企業轉移民營，由大地主變為企業家，與尹仲容共同奠定民營大企業的先河。等到他在1958年重任財政部長時，他規劃稅制改革，使得政府預算已接近平衡。

由於了解經濟發展的重要，他支持美援會所提的獎勵投資條例，不惜犧牲稅收，鼓勵外銷工業的發展，更由於他的超人智慧，獎勵投資條例送到立法院時，經由他的明智分析說服了立法委員而能迅速通過。

也由於他的政治智慧，他在1965年內閣局部改組時，起用蔣經國任國防部長，李國鼎任經濟部長，閻振興任教育部長。

到1969年內閣局部改組時，他進言老蔣總統建議蔣經國任行政院副院長兼經合會主任委員。

最後到1973年行政院全面改組，他專任副總統而將行政院讓給蔣經國。

1975年老蔣總統過世，嚴家淦接任總統職位。到1978年蔣經國被選作總統，嚴家淦即退休。由以上的事實，可見嚴家淦對國家貢獻，同時可看出蔣經國並非一步登天，而是花了十幾年的時間才一步一腳印走出來的。

4.蔣經國的崛起(集權力、經驗、智慧於一身的領袖)

1965年陳副總統逝世，最大的影響就是蔣經國的崛起。當時是人治的政治，當二號人物過世了，在其下的蔣經國慢慢就崛起了，他又是老蔣總統的兒子，因此蔣經國以後就成為集權力、經驗、智慧於一身的領袖，對台灣經濟發展，這是一個相當關鍵的事情。

5.蔣氏父子與技術官僚

當時蔣氏父子領導核心，跟一些大公無私的技術官員，構成推動台灣工業化非常有利的一個團隊，對往後25年的台灣經濟做了非常大的貢獻。

6.反攻大陸與留學美國

那個時候學校裡講的是反攻大陸，學生搞的是留學美國。我在唸師大附中時，就有好多同學從高一就開始為留美做準備，進入大學以後，即使沒有計劃要留美，也要假裝有，不然幾乎沒有人要跟你約會。

蔣家祕錄

7.中國大陸文革爆發（1966—1976年）

在此同時大陸爆發了文化大革命。對中國來說，是
一個大災難，但對四小龍來說是一個發展的好機會
。

這是我們整個60年代從生財體系的變化，到社會體
系的改變，一直到政治及思想體系的變化。

接下來我們看看 70年代。這個年代我比較熟悉，我
1970年從台大畢業，1971年退伍就開始從事企業，
同時在唸研究所，但在唸研究所時，其實已經在
外面兼差賺錢了。70年那年我剛要畢業的時候，
台大蓋了一個新的圖書館，我趕快跑去看，主要
是要看它的廁所，因為我從來沒有看過廁所用坐
的方式，還有抽水，那是我一生中第一次看到坐式
抽水馬桶。

我還以為跟一張椅子一樣呢……

Chapter 3

中小企業的成長 —— 開出美麗的花

見得庭園，便知園匠。
——佚名

6.走過七〇年代

紡織工業與塑膠工業帶動了石化工業的成長

1970年那時在工廠做事的平均每月工資是台幣400元，每人國民所得大約在400美元，經過60年代外貿改革，出口金額已有20億美元，外匯存底在1975年的時候達到10億美元。

每月工資：10美元
每人國民所得：400美元
出口金額：20億美元
外匯存底：10億美元（1975年）

對台灣來講，那時稍微具有一點本錢，於是中小企業就漸漸的成長了。

中小企業是如何壯大的呢？本來做代工廠、代理商的這些人慢慢的累積了一些財富、經驗、人才，就開始自己創造一些東西去賣。最近幾年我在馬來西亞演講，就有人問我：「你們台灣當時發展經濟我們可以了解，因為你們都很勤快，但是做出來的東西怎麼賣？」這是一個好問題。

1.野雞式行銷

當時台灣是所謂野雞式行銷。我們自己笑自己是野雞，因為我們就像野雞一樣，拿著樣品和好多目錄到機場，看到老外出來，就跑過去問他要不要買東西；第二個方法就是到旅館的大廳（lobby），看到老外進來，就跑過去向他推銷東西，當時台灣的行銷就是這樣。那時候到台灣的散客也不多，只要是老外就拉，有一次我拉到一個人，他是當老師的，就被我弄得莫名其妙，搞不清楚為什麼我要叫他買東西。這是第一個步驟，接下來我們主要的行銷管道就是所謂IPO跟OEM。

2.IPO與OEM

後來，台灣生產的產品漸漸多了，那時就有一些歐美及日本公司在台灣設立採購辦公事（IPO）。 我們通常做好了樣品，拿著報價單就到他們IPO去闖門，看滿意了，那些中國職員就會擺在他們的展示櫥窗裡，下次他的買主來時，看中你的產品，就有機會賣他東西。外國買主來時，我們這些廠商就在走廊排隊，他們也不給椅子坐，裡面的買主好像皇帝點妃一樣，點到誰，誰就趕快跑進去解釋給他看，有被叫到就有一點希望，這是當時中小企業販賣的方法。企業規模再大一點了，就接國外的原廠委託製造(OEM)，就是買方給你一個圖案或是一個樣品，就

買電子產品嗎？這是我們的目錄，有興趣談嗎？

在台灣談生意不是要到酒家、酒廊談嗎？

照做，報個價錢同時把材料成本都列得清清楚楚，
最後跟你講就讓你賺多少錢，雙方同意了生意就開
始。

註：IPO (國際採購辦事處) International Purchase Office.

OEM (原廠委託製造) Original Equipment Manufacturing.

3. 電子計算器工業（ODM概念之誕生）

在70年代有一個工業對我們以後的發展相當重要，
也是今天特別要跟大家介紹的，就是電子計算器
(Calculator)工業，這個工業在當時台灣來講是比較新
穎，也是比較有前瞻性。過去大部分行業的創業者
都是白手起家或黑手起家，這個工業是第一次有比
較多我們台灣自己培養出來的大學生，自己去創立
，開始有設計的概念，自己先設計好產品，再拿去
賣（OEM）客戶的工業，稱之為原廠設計製造
(ODM)。

註：ODM (原廠設計製造) Original Design Manufacturing.

* 台灣電子計算器工業

1. 環宇 → 榮泰 → 宏碁
   1971   1972   1976

2. 　　三愛 → 金寶
   　　1972   1973
   　　　　　↘ 英業達
   　　　　　　1975

很多人都以為林百里和我是第一個在台灣做電子計算器的，其實不是，我們來看一下電子計算器的發展：最早是在新竹的一家IC包裝廠叫做環宇，在1971年研發出台灣第一台電子計算器。同一年當電子計算器開發成單片IC的時候，我的同學林百里和我也在實驗室裡研發出計算器，當時就找到一個做石綿瓦叫「三德」的工廠，跟我們合開了一家工廠叫「三愛」，因此，我們也成為早期進入電子計算器的廠商之一。後來環宇為什麼大家都把它忘記了呢？ 因為它做出來的東西出了品質上的問題，這個公司就沒有繼續做了。環宇結束後，有一個叫林森的人，他家是開紡織廠的，拿了一大筆資金，開了一家叫「榮泰」，把環宇原來的工程師帶出來，當時的總工程師就是施振榮，也就是我們以後資訊工業的龍頭。

真的會組裝嗎？

照書上就一定可以。

在此同時，國內生產馬達及家電的大廠「東元」，也曾大量生產電子計算器，後來因為缺乏年輕一代的工程師，就沒有繼續做了。

那時候我們在三愛做，在榮泰沒有出來前，三愛幾乎是唯一的一家，三愛當時以250萬台幣

起家，我們一毛錢都沒有，只是受雇於人，領一些技術獎金、技術契約金之類的狀況。我們有十二個台大的同學就在二重埔，三德建材廠工人宿舍的一角，開了生產線開始生產，就這樣從六月生產到十月，有一天，我們的老板，去巡視三德時，順便跑到我們那邊去看，問我今天出口這幾箱多少錢，他算一算突然發現，這幾箱貨比他那一萬坪工廠出的貨還要多錢，那時候他才感覺到電子工業的潛力很大。事實上，那年我們投資250萬台幣，就賺了一千萬台幣，這在當時是個天文數字。後來我們有六個台大同學離開三愛，和桃園的實業家許潮英等人合作開了金寶。環宇與三愛在計算器的競爭就轉到榮泰跟金寶，剛開始的兩、三年，榮泰是遙遙領先所有的競爭者，金寶是以比較沈穩的步伐在走。

1975年葉國一與鄭清和從三愛出來成立了英業達。從此，三愛轉以生產音響為主，慢慢的離開計算器行業。榮泰一直遙遙領先，後來因為受到關係企業拖累於1976年倒閉。倒閉後，施振榮就帶著榮泰的工程師在1976年成立宏碁，他當時並沒有很多錢，是與共同創業者合資100萬台幣，在民生東路租了一間公寓，開始專心做微處理器。此時金寶漸漸強起來，那時已把榮泰原來的廠房買下來了。1979年那時候我在金寶當總經理，因為離得近，常常在吃過晚飯後散步到宏碁去，當時它是一個很小的公司，

但是人氣很旺，連廁所旁邊都坐了許多位台大畢業的工程師，那時我們連一個台大的都請不到，因為它從事的是新興的產業，再加上施振榮本身對年輕人有相當大的魅力，那年他的一百萬元快花完了，而1979年金寶的稅前利益是一億台幣。這兩個集團在電子計算器工業上的競爭，事實上到1979年就告一段落了，金寶集團獲得全勝。英業達在那時也成長成為第二大電子計算器的企業，金寶跟英業達一直到今天都還擁有世界40%的電子計算器的產量，雖然生產的基地從台灣移到泰國、馬來西亞、中國大陸去，但是故事還在上演。

當然，電子計算器工業今天對我們來講已不是一個重要的工業，但是這個塞翁失馬、焉知非福的宏碁，在施振榮的領導下，風風雨雨的過了好多年，他創造了台灣下一個世代的資訊工業。在70年代電子計算器工業，依我個人的經驗來看，對台灣是一個相當重要的轉捩點，至少讓一些比較有受過台灣正式教育的人能參與工業。

4.1973年成立工研院，1974年設立電子所，1975至1979年設立IC示範工廠並設立資訊工業策進會。

在李國鼎的支持下，方賢齊（當時的工研院院長）網羅

了當時在美國留學的一些熱血青年，都是台大畢業
，而且在美國得到博士學位的優秀青年，號召了胡
定華、史欽泰、楊丁元、章青駒等這些博士級人物
回國來發展IC工業，一直在國內奮鬥的曹興誠，也
在此時加入這個行列，在胡定華擔任電子所所長時
，他曾擔任副所長，後來方賢齊退休時，又從美國
請回半導體界前輩張忠謀接替他院長的職位。那時
候連我們都不看好，台灣怎麼能做IC？當時引進
RCA的半導體生產技術，RCA的技術並不怎麼樣，
但這股力量經過10年生聚教訓，在80年代後期開始
，變成台灣最重要的工業，到目前為止，台灣的IC
工業已成為台灣資金最充足、人才最健全，最有潛
力的工業。我們常批評政府做不了什麼事，我想至
少這件事是個例外，當時如果沒有政府下去推動這
個工業，我想今天台灣的半導體工業將是非常脆弱
的。

5. 科學園區的設立

1979年底我們成立了新竹科學園區，如果說1966年
成立的加工出口區是大勞工營，那麼這個就是大腦
力營，吸引了非常多留美的學人回國。

我們再看看同時間在中小企業成長的這個年代，社
會產生什麼變化。

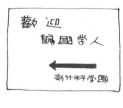

7.七○年代的社會浪潮

中小企業成長時期的社會變化

1. 客廳即工廠

當時的省主席謝東閔（後來的副總統），最有名的一句名言就是「客廳即工廠」，他說：「不要說沒有工廠，客廳就是工廠。」在他的一呼百應下，客廳成為工廠做塑膠花、聖誕樹等賺取外匯的地方；累積小財富、積水成河，是一個重要的觀念，當然也有它的副作用，任何事情都是有代價的，客廳原本是教孩子讀書、禮儀的地方，現在拿來當工廠，有的孩子長大變壞了，對往後的社會環境也不能說沒有影響。

2.光環與恥辱

當時中小企業接訂單之苦，我在這裡強調。有一次我到美國參加電子展，事實上，我們沒有資格參加電子展，只是站在門外看，然後去找那些展覽的客戶，拿樣品給他看，買主看了喜歡就跟你買，不喜歡就把你趕出去。台灣的廠商每個人手裡都拎著大包小包的樣品排隊，剛好在我前面有一個廠商進去了，裡面坐著一個猶太人是大買主，那個台灣商人拿一個電子時鐘，就是那種用燈管做成的數字時

這是我們公司的各式產品，有沒有興趣看看……

鐘，拿去不到一分鐘，我看到客人把它往地上一摔，摔得整個都裂開了，這不打緊，客人還用他的鞋跟把燈管一支一支輾破，同時滿口罵著狗娘養的(son of bitch)，我看到那個台灣商人哭笑不得，這樣的故事是我親眼目睹的。我聽到的悲慘故事很多，電子工業還算好一點，有些賣雜貨的貿易商更慘，他們常說他們是導遊，常常需要帶客戶去花天酒地。

除了銷售的艱苦以外，生產方面更是痛苦，大多數廠商都是日以繼夜的加班。

有一天晚上，我們一個加工銘板的沖製廠商，工廠的老板在長期趕工，太過疲倦的狀況下，不小心將自己的手指沖掉了，緊急被送到醫院去。我們的採購人員向我報告時，我非常著急，叫他馬上趕到醫院去，到醫院時，那加工廠的老板已經包紮好回工廠去了，採購人員又趕到他的工廠去。我們的採購人員到了他的工廠時，他仍然吊著一隻手，用沒有受傷的手，將機床拉開，夾出了自己被沖斷的手指和肉碎，正用噴水槍在沖洗機床。他告訴我們的採購人員，一定不會耽誤明天早上的交貨期。我們的採購人員打電話向我報告說：「老總，他已經從醫院回工廠了，他已經沖洗好沖床了，明天早上的交

貨一定……」我一向脾氣很好，聽到這裡，再也忍不住了，大拍著辦公桌，打斷他的話，大聲的在電話中說：「哎啊！不是叫你問這個啦！」丟了電話，我百感交集，想起這些年來，台灣經濟發展的苦難，升斗小民的犧牲和付出，不禁捶著桌子，嚎啕大哭，到底我們還要付出多少代價？

我們的中小企業是在這樣的惡劣狀況下生存，所以今天當我們戴著台灣經驗的光環，去向其他國家誇耀我們的經濟奇蹟時，我們要記得這些光環是當時這些小人物用客廳即工廠、野雞式行銷，用血汗、淚水甚至是恥辱所換來的。

3.一坪一萬元的房子
在70年代有一件大事，就是看見居然有人把房子一坪賣一萬元。這在當時是天大的消息，因為過去都是幾千元一坪。

4.百貨公司、港式飲茶與夜總會
我們開始看到社會上有一些百貨公司、港式飲茶及夜總會、歌廳的出現。

5.小企業賺美金、大企業賺台幣
慢慢在70年代後期，已經逐漸演變成為中小企業的

外銷比例大都超過50%，開始有一種說法，就是小
企業賺美金，大企業賺台幣的說法出現。大企業就
是做一些保險、房地產之類的生意，賺取小企業賺
進來的美金，這個格局從70年代延續到80年代，一
直到90年代才有轉機。

8.七〇年代的政治浪潮

中小企業成長時期的政治、思想變化

這段時期有幾項影響台灣較深遠的大事：

1. 退出聯合國（1971年）
2. 與日本斷交（1972年）
3. 第一次石油危機（1973年）
4. 十大建設開始（1974年）

十大建設可以說是台灣經濟的轉捩點，從南北高速公路、桃園國際機場，到大煉鋼廠、大造船廠等大規模的建設，不止為以後台灣人民帶來更方便的生活環境，也給台灣企業的大型化紮下了良好的根基。

5. 老蔣總統去世（1975年）
6. 蔣經國時代（1975─1988年）

這位集權力、智慧、經驗於一身的領袖，跟他身邊培養出來的幕僚，這些人都是大公無私的，包括我們現在的李總統、林洋港、孫運璿、李國鼎等等都是了不起的人物，他們一起在以後將近25年的時間裡，將台灣帶入完全工業化的國家。

7. 周恩來、毛澤東去世（1976年）
8. 美麗島事件（1979年）
9. 與美國斷交（1979年）

Made in Taiwan
台灣經濟的苦難與成長

1970年代政治方面是一個風雨飄搖很不好的年代，但也充分顯示出我們的企業在那時候已經有對政治的免疫力了，它繼續成長。這些事件若是發生在60年代，就有相當大的衝擊與影響，但是在70年代，尤其是後期，企業的體質已經越來越好，在政治體系上還維持一個強勢的、專制的體制，大家可以注意到，經過60年代、70年代這20年的工業化，我們的社會也跟著改變，但是我們的政治體系還是農業時代專制的政治體系。如果去看其他四小龍國家，也差不多都是這個方式，這也就解釋了任何一個文明的建立，必須先從生財體系開始，然後再擴充到社會體系，再去改變它的政治體系。在此同時，有些國家希望能透過改變政治體系就可以跳到另一個文明，都沒有成功，包括菲律賓、印度和最近的蘇聯都沒有成功。現在中國大陸之所以比較成功，也是它的政治體系維持不動，在這種強力控制之下，先讓生財體系跟社會體系形成，再去改革政治體系。從台灣的經驗可看出來，政治體系變得非常慢，等於在這20年的工業化裡，我們都沒有人敢去談選舉這類的事情。

Chapter *4*

徹底工業化 ── 台灣錢淹腳目

有錢未必美滿幸福，沒錢卻是百事悲哀。
──佚名

Made in Taiwan
台灣經濟的苦難與成長

9.走過八〇年代

徹底工業化時期的生財體系變化

但到80年代就有一些變化，80年這十年，我把它定
義為「徹底工業化」，台灣經過60年代靠勞力到70
年代我們開始有自己的企業，到80年代這些企業慢
慢大起來，當時的每月工資在60年代是2到3美元，
70年代是10美元，到80年代我們付的每月工資是
100美元，那時候的每人國民所得已經到2,300美
元，出口金額已經從20億變成200億美元，我們的外
匯存底到80年是53億美元。

每月工資：100美元
每人國民所得：2,300美元
出口金額：200億美元
外匯存底：53億美元　（1980年)
　　　　　660億美元（1987年）
　　　　　740億美元（1989年）

1.資金形成，產業大型化
這時候看得出來我們台灣在80年代徹底的工業化，
就是資金形成。

除了電子業以外，紡織業過去是台灣救亡圖存的工業，在此時期已發展成國際規模。王永慶所領導的塑膠工業，趙耀東所領導的鋼鐵工業，也躋身世界重要產業之林。另外還有許多小項目，像網球拍、自行車、涼椅等數十項目的生產，台灣都成為世界第一。

2. 資訊工業的崛起

如果70年代值得一提的是電子計算器工業，那麼，80年代值得一提的就是資訊工業的崛起。讓我們看一看資訊工業是怎麼崛起的？

a.取締電玩

早期的資訊工業就是從做電動玩具給小孩玩開始，包括施振榮的宏碁也是一樣，專門供應積體電路(IC)給電動玩具工廠。80年代初期內政部長林洋港大力取締電玩，一下子，這些公司都快倒閉了，好不容易找到一條路，卻被切掉，切掉以後，這股力量就轉而去做蘋果二號（Apple II）的仿冒品。

b.蘋果二號（Apple II）的仿冒品

蘋果二號（Apple II）早期是由一些年輕人設計出來的，沒有保護線路，很好抄襲，一下子就抄出來，所以大家都轉去做Apple II的仿冒品，後來又被Apple告，這股力量就跑到IBM相容機。

註：Apple II是Apple公司於80年代初期所研發出來的第一台8位元個人電腦，取名Apple II。

c.IBM相容機

IBM在1981年推出之後，由於它是開放系統 (Open Architecture)，很快就變成業界的標準。這些人慢慢的累積了相當的經驗與財富，他們就進入IBM相容機的生產。

這時有兩個人，我想是使整個事情轉機的關鍵。一位是李國鼎，他在官方大力宣導和支持，一位就是施振榮，他在民間死命推動，他們可說是以知其不可為而為之的精神，創造了IBM相容機的工業。

d.兩灣策略（台灣製造，舊金山灣華人銷售）

做出來的電腦怎麼賣，過去台灣賣的都是美金幾元或是幾十元的東西，一下子做出壹台一千美元的東西怎麼賣？當時這些流竄的資訊族就想出一個策略叫「兩灣策略」，就是台灣製造，舊金山灣的華人銷售。在美國舊金山灣一個叫矽谷（Silicon Valley）的地方，有很多華人在那邊工作，白天在公司上班，晚上下班後跑去賣台灣做的電腦，慢慢的老外發現這些中國人不但會賣電腦、會說明，還會維修。後來，有些人晚上賣電腦賺的錢超過白天上班所賺的，乾脆辭職，自己

出來開公司賣電腦，當時電腦就是這樣賣起來的。

e.自我品牌、鄉村包圍城市
後來施振榮在1984年以後提出一個概念，就是「自
我品牌」。當時電腦的人工比例只有1%，沒有理由
向台灣買電腦，當時就自己要去賣，與其兩灣策略
打游擊戰，不如組織一個隊伍去賣，這就是「自我
品牌」。自我品牌到美國也打不贏，所以就以鄉村
包圍城市策略。所謂鄉村包圍城市，就是先從小國
家建立代理商，慢慢的包圍大國家的市場，這個我
看是宏碁崛起一個最重要的策略，另外一個發展的
方向，就是零件跟週邊包圍成品。

f.零件及週邊包圍成品
既然美國是一個電腦王國，他不可能跟我們買電
腦，這是在當時的概念，那我們就來做電腦零件好
了。我們做鍵盤、主機板, 顯示器、外殼、PC板、
滑鼠、電源供應器等電腦零件去賣給這些廠商，慢
慢的美國廠商發現他的電腦裡面，都是台灣製造
（Made in Taiwan）的零件，這是我們所謂零件及週邊
包圍成品的策略。這樣的工業在80年代經過相當艱
苦的挑戰，一直到1988年宏碁等電腦公司股票上
市，格局才越來越大起來。

3. 台幣升值1986—1989年(40:1→26:1)

在80年代發生一件對外銷廠商來講相當大的災難，那就是台幣升值，從40:1在三年內升到26:1。就是本來出口100萬美元的東西，可到銀行換取4,000萬台幣，現在只能換取2,600萬台幣，這對外銷廠商來講如喪考妣，過去賣出100萬美元的東西，到銀行換取4,000萬台幣，可能賺個500萬，現在只能換2,600萬台幣，自己可能還要貼錢，理論上是如此。事實上，這個策略也是在考驗台灣企業的適應能力。

大家看一下這些數字，1980年我們的外匯存底是53億美元，七年內變成660億美元，到第九年變成740億美元。這個財富怎麼來的？不可能有人有這種天才，在這麼短的時間賺這麼多錢，這一直是很多人問的問題，一部分的原因是，過去外銷廠商有許多外匯存在國外，當時大家對台灣的政局也沒有很大的信心，很多錢都放在國外，從70年代開始到85年的十五年間，表面上政府的外匯存底不是很多，事實上，廠商在國外存了幾百億。當台幣升值，大家開始將錢匯回台北，突然間我們變成世界上高外匯存底國家。這些錢事實上不可能全是在這期間賺的，很多是廠商從國外把錢匯回來，匯回來以後，因為太多外匯存底轉換成台幣，太多台幣，就引起後來的金錢遊戲。

4.GSP喪失 (1987年1月1日)

在1987年另外一個不好的事情發生，那就是優惠關稅(GSP)喪失。GSP就是銷到美國的產品可免進口關稅，因產品不同而不同，一般3%到5%。我們做外銷有時候賺的就是那3%或5%，GSP喪失，對很多廠商來講是純利盡失。

註：GSP(普遍優惠制)Generalized System of Preferences.

5. 產業外移

一方面受台幣升值影響，另一方面又受GSP喪失的影響，對大部分廠商來講已如喪家之犬，到80年代的後期，不管政府如何的反對，廠商都趕快往東南亞及大陸狂奔。從另一角度看，我們的企業已有能力對外輸出資金和技術，證明在80年代後期我們的工業化已經很徹底了。

再來看看當時社會發生那些現象，在生財體系發生變化後，社會體系起了什麼變化。

10.八○年代的社會浪潮

徹底工業化時期的社會變化

1.每坪十萬元的房子

每坪十萬元的房子出現。當時去敦化南路鑽石雙星大廈（當時台北最貴的大樓）買房子的人，聽說還有人被蔣經國查資金來源。

2.燈紅酒綠

台北進入燈紅酒綠的社會，本來就蠻嚴重的，後來更是變本加厲，敗壞社會風氣。

3. 出國觀光

80年開始人民可以出國觀光了。現在大家都沒有這種感覺，以前要出國很困難，80年開放後，阿公、阿婆都出國觀光去了，一方面花掉一些外匯，同時取得國外很多的觀念與訊息。

4.土地財閥

房子一坪十萬元，剛開始要抓，後來都是十萬元以上，根本無法抓，那些原來賺台幣的大企業，很多都轉變成土地財閥。

5.金錢遊戲

大家應該都還有印象，86年以後我們有金錢遊戲，
舉凡可以炒作、賭博的事，從股票、投資公司、大
家樂到六合彩，都非常盛行。

6. 奢侈的生活

一客牛排8,000元的時代出現，最後喊到14,000元。
在美國一客賣10到20美元的牛排，到台灣居然賣到
500美元，這就是過度奢侈的生活。

7. 治安惡化

治安惡化，大家應該還記得，當時小孩被綁架、勒
索之事，層出不窮，一直到1990年郝柏村當上行政
院長大力掃蕩，才有改善。

8.慈濟功德會

當社會好像在敗壞的同時，我們看到一股清流起
來，就是慈濟功德會。原本是一個女尼姑，在一家
醫院看到地上一大灘血，細問之下，才知道是一個
山地女同胞，因為繳不出保證金，而進不了醫院，
流著血被抬走了，因此她發願要蓋一間不必繳保證
金的醫院。後來，這位女尼姑（也就是證嚴上人）憑
著信心和愛心，並得到許多追隨者的支持，創立了
慈濟醫院，這股力量慢慢形成一種社會行善的風

Made in Taiwan
台灣經濟的苦難與成長

潮。到80年代後期，聽說在台灣每六個人，就有一
個是慈濟功德會的會員。這件事讓我想起一個神話
故事，一隻小鳥銜著小石頭，為了填滿經常淹死
小孩的池塘，大家都笑牠，每次銜一個小石頭
去填那麼大的池塘，那有可能填滿呢？小鳥
說：「這是我能盡的最大力量」，繼續不斷
的銜小石頭去填池塘，最後感動了天神，一夜
之間，天神將池塘都填滿了。證嚴法師的故事，讓
我們得到很大的啟示，原來真愛是可以感動天地
的。慈濟功德會的興旺，也讓我們看到在台灣並不
是每個人都會被這些惡劣環境所腐化的。

經過這番歷練之
後，再來什麼仗
陣也不怕了。

厲害

天將降大任於斯人也，
必先苦其心志，勞其筋骨。

沒錯！

11.八〇年代的政治浪潮

徹底工業化時期的政治變化

1979年我自己有一個故事，有一次我到工業局開
會，開完會在回來的路上，看到路邊的書攤有一本
書叫「誰是蔣經國的接班人」，我趕快買下來，並
且立刻藏到懷中，左顧右盼，看看有沒有人發現，
在當時是這樣的一個高壓社會，回到家中，趕快拿
給親朋好友看，還有人敢寫這種言論，現在比起來
那是非常小兒科的。

1. 黨外雜誌、言論自由

在80年代初期，最有趣的事就是看黨外雜誌。就是
一些黨外人士寫一些政府壞話的書刊，當時這些都
是禁書，整天都抓。那時候這些書都是在路邊的書
攤賣，通常書攤的老板會向你暗示一下，然後帶你
到後面的巷子裡，過去他們是要賣你黃色書刊的，
那時都賣黨外雜誌，因為書攤的利潤最大。到1980
年代後期，乾脆就開放了，反正所有糗事都被挖光
了。

2.政治解壓

Made in Taiwan
台灣經濟的苦難與成長

1987年美麗島人士被釋出，不久陸續解除戒嚴、報禁、黨禁，民進黨於1989年正式登記為合法政黨。（民進黨在1986年9月28日成立）

註：美麗島人士——「美麗島」是一雜誌名稱。於黨禁解除前，由一群非國民黨籍，所謂黨外異議人士所創辦的雜誌。主要在報導一些當時政治領導階層灰色幽暗鮮為人知的一面，同時抨擊政府施政措施的偏頗與不當，並以解除黨禁、報禁，爭取集會、言論自由、國會全面改選等為主要訴求的一份雜誌。

上段文中提到的美麗島人士被釋出，指的是於1979年12月10日爆發的美麗島事件中「美麗島」雜誌被捕的幾位主要成員（如：黃信介、姚嘉文、林義雄等）被釋放出來。

3.大陸探親
1987年11月1日開放大陸探親，這是蔣經國去世前相當重要的德政，使兩岸開始交流。我在88年也跑到大陸去，我並沒有親戚在大陸，主要是去瞭解中國的情況。

4.蔣經國去世
1988年1月蔣經國過世。這位一生忍辱負重、勤政愛民的領袖，在付出畢生的精力給台灣後，終於光榮

的走入歷史。

5.天安門事件

1989年6月4日北京爆發天安門事件。表面上是對中共政權的挑戰，但從以後的發展來看，天安門事件其實對中共是一種祝福，讓中共的老一輩開始注意年輕人的意見，也讓中共的年輕人，不再過度熱中政治，注意力轉向經濟。

6打架的國會、公權力喪失

1980年代末期，我們開始有打架的國會，表面上是作秀，但從整體的眼光看，我們的公權力就是從那時候開始流失的。

這是整個80年代的情況，在這些風風雨雨的日子裡，我們看看大家的想法有沒有改變。

這期的美麗島雜誌有寫『王昇為什麼會下台』，內容很精彩。

12.八〇年代的思想浪潮

徹底工業化時期的思想變化

我在60年代跟70年代都把政治體系和思想體系放在一起。因為在當時大家不敢想，所以政治體系和思想體系是一體的，但是到80年代解壓後，大家開始有獨立的思想，首先是南北的差距產生。

1.迷惑的年代（南北差距）

北部是工業化，但在中、南部還有很多地方過著農村的生活，大家觀念上的差距就產生了。

2.價值觀的挑戰

經過金錢遊戲後，價值觀受到挑戰。記得當時我有一個朋友，平時還來借10萬、20萬，後來聽說投入股市，有一天他打電話給我說：溫先生，我有些事情要向你請教，我以為他又來借錢，他說不是，等一下你到門口等我，我開我的賓士車來接你，他開車過來，就跟我說他在股市賺了一、兩千萬，買了一輛賓士車，要請我吃飯，感謝我過去對他的幫忙。又過了差不多半年，他打電話給我說:溫先生，我現在有9,600萬，缺400萬就有一億台幣了，希望你

幫我想想辦法，看能不能投資你們公司，我說：
「我們公司還好啦，沒有增資的計劃。」這個朋友從
此就不見了將近一年，後來有一年春節，我帶我的
小孩去打電動玩具，看到旁邊有一個人，穿著破舊
的夾克在打電動玩具，我看，那不是老李嗎
？他怎麼在這裡打電動玩具？他的9,600萬呢？通通
都沒有了，反倒比以前更窮困。

當然這只是一個人的故事，但這整個社會發生過很
多這樣的故事，使價值觀受到極大的挑戰。

80年代我們的生財體系是徹底工業化，我們的社會
也變了，我們的政治體系是政治解壓，我們的思想
體系也在改變。

這30個年頭，從1960到1990是台灣工業化時代，台
灣實在是個寶島，在工業化還沒弄清楚的時候，我
們又進入另一個文明。到90年代，來看這些數字：

每月工資：800美元
每人國民所得：8,000美元
出口金額：800億美元
外匯存底：800億美元

80年代徹底工業化，拜美金貶值之賜，當時的每月
工資達到800美元，但在我看來還是偏低。每人國民
所得已經到8,000美元，出口金額從200億到800億美
元，外匯存底從53億到800億美元。這是取個大約數
8888讓它發，實際的數字都在上下之間相差不遠。

這時候台灣有一個重大的改變，就是我們進入新的
生財體系的時代，就是以知識創造財富的體系。

吃了一客一萬五千
元的牛排，吃得真
夠體面。

一萬五千元算什
麼！我中午就吃了
一客25萬的。

吃什麼要花
那麼多錢？

吃了兩條紅龍！

輸了…

Chapter **5**

新生財體系——用知識創造財富

愚人在遠方尋找快樂，智者在自己腳下種植快樂。
——詹姆士‧歐本海默

13.走過九〇年代

第三波文明開始，創造知識財的時代來臨

第一波的農業文明是用可耕地創造財富，當時最厲害的就是地主，第二波的工業文明是以資金創造財富，最厲害的就是有錢的人，在第三波文明則是以知識創造財富。台灣在90年以後，已經有一部份的企業向這個方向狂奔，在此同時，也發生了一個現象，就是中國的黑洞。

1.中國的黑洞

1976年毛澤東去世，1977年鄧小平復出，接下來80年代開始改革開放，在90年代經過天安門事件後，過去中國優秀的青年都投入政治，從那時候開始，很多人大徹大悟轉而專心去搞經濟。在過去的七年裡面，中國從外國吸入的資金超過1,800億美元，使中共目前的外匯存底超過台灣。除了這樣大量的資金的吸入以外，中國人勤勞、學習的能力，再加上香港、台灣的中國人到大陸設廠，將一些管理、技術教給他們，所以中國本身在90年就變成一個黑洞，在不知不覺中，將過去台灣累積30年才創造的工業基礎與成果（我們經過60年代、70年代到80年代才

創造的很多世界第一的工業像做雨傘、聖誕燈泡、自行車、衣服、鞋子等）通通都吸過去。

2. 把根留住

台灣在90年代遭遇中國的黑洞，就把台灣很多30年累積的經驗甚至包括資金、技術都吸收過去。這時候我們的政府開始緊張，說要大家要把根留在台灣，有一陣子，政府官員都在談根留台灣，事實上我們都聽不懂什麼叫根留台灣，我記得很清楚，王永慶要去廈門海滄投資的時候，政府要他根留台灣，王永慶搞不清楚什麼叫根留台灣，他說，那我把賺的錢寄回台灣，算不算根留台灣？我們企業界完全不了解什麼叫根留台灣。後來我在分析這些問題時，才發現企業家跟政治家是兩個截然不同的天性。政治家的性質比較像植物，譬如有一個人，他在中山區選議員，當地的地緣對他來說非常重要，而企業本身是靠競爭力在求生存，比較像在森林中跑來跑去的動物，本質不太一樣，當比較像植物特性的政治家高喊把根留下時，像動物那樣跑來跑去的企業家根本搞不清楚。我常舉一個例子，就像我們公司是在士林區，如果有一個國大代表或立法委員，他得到全士林區居民的擁戴，他可以當選，可確保他的政治前途；我們公司在士林區，即使得到士林區全體居民擁戴，但是沒有訂單一樣會倒閉的，這

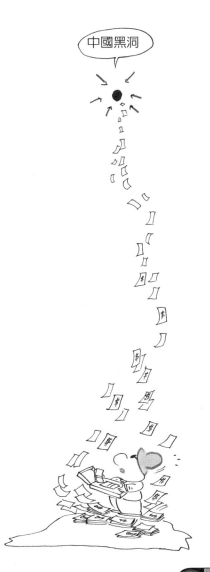

中國黑洞

是留根說的矛盾。

後來有一些官員就說，所謂留根就是將研究開發(R&D)留在台灣，把生產移到大陸。這表面聽起來也有道理，但我們要了解，做企業不是光靠R&D在競爭，每一個企業都有他所謂的競爭力所在(Competitive Edge)，有的企業是它的行銷特別強，有的是R&D特別強，有的是生產特別強。台灣在過去30年所培養出來的企業，大部分都是靠生產作為競爭力所在，光把弱的R&D留在台灣有什麼用，而且R&D跟生產一分開，又造成整合的問題，這些都不成為把根留下的理由。
註：R&D(研究開發) - Research & Development.

因此不管有多少投資風險的分析，中國黑洞仍然在大量的吸台商。因為對台灣廠商來說，最好的投資地點就是中國，話講得通，如果叫這些廠商到加勒比海投資，他們那有辦法操作。這些廠商一定是找一個不要什麼複雜的管理方法和制度，能夠直接現場指揮的地方設廠，就是這些因素，將台灣企業吸得七零八落，但是也因為這樣，讓台灣在90年代很迅速的發現，當這些傳統工業快被拔光時，我們的契機在那裡！

3. 台灣的契機(資本密集、技術密集、速度密集)
今天在台灣投資企業具備有三個密集的條件，就有機

會成功，因為這是別的國家目前還做不到的，那就是：

a.資本密集

我們的外匯存底即使不是世界第一，但是每人平均外匯存底，絕對遠高過於世界上任何一個國家，表示台灣的資金非常龐大，且大多以現金方式存在，因為過去投資的多是加工業，不需要重型投資。

b.技術密集

前面提到的70年代的計算器工業，到80年代的電腦工業及半導體工業，已培養很多人才，再加上很多早期到美國留學的人回來了，所以台灣技術人才密度也是相當高。

c. 速度密集

還有一點是在台灣比較沒有嚴格的法律和規矩，大家跑得特別快，常常看到車子跑得很快，亂糟糟的，依外國人的標準，這是行不通的，但是大家卻都到達目的地，這是我們的速度密集，我們的優點。我們相信台灣的契機就在這所謂三密集產業。

4.台灣新產業（三密集產業）

當中國的黑洞吸走了許多台灣傳統的工業時，台灣的企業發現了新的契機，於是產生了台灣新產業。

Made in Taiwan
台灣經濟的苦難與成長

a.台灣半導體工業(晶圓代工、半導體記憶晶片)

70年播種，80年耕種的半導體工業，潛伏了10年，一直到金錢遊戲的時候，大量吸收股市的資金，這種半導體工業就是需要錢，半導體工業是個相當資本密集的行業，也是相當技術密集的行業。台灣的半導體工業當時是以晶圓代工、半導體記憶晶片作為主要產品。

在80年代後期成長的非常快速，而且比國際上所有半導體工業的公司快，獲利比例也高於一般國際的水準，主要是我們速度快。台灣人半夜不睡覺，整天開發、追訂單的這種速度相當驚人，使得半導體工業在90年代變成台灣最主力的工業。在1995年我們的貿易順差是81億美元，這裡面有20幾億是由台灣前五大半導體公司所創造。

b.PC、主機板、電腦週邊工業

以宏碁為首的PC工業，在80年代前期萌芽，80年代後期大幅成長，到1995年以後，已成為台灣最大的出口工業。它也是資本密集、技術與速度密集的代表產業。

c.筆記型電腦工業

接下來是另外一個明星產業，就是最近非常熱門的

筆記型電腦工業。這個工業累積了過去我們資訊工業所有的基礎，同時吸收我們在電子計算器輕薄短小的科技熔為一爐。筆記型電腦工業給台灣帶來非常重要的契機，在1996年我們的出口金額是60億美元，是在台灣生產的產品中，出口業務單項第一名，而且筆記型電腦也是世界上電子產品裡面單價最高的，目前一部筆記型電腦的平均單價是在4,000美元零售，兩部電腦差不多等於一部汽車。所以這個工業對我們來講也是相當重要，相當有未來性的，把我們台灣的累積效果發揮出來。

這三個產業只是較顯目的資本、技術與速度密集產業，今後台灣還會發展出更多的三密集產業。

接著看看90年代在新的生財體系下，以知識創造財富，我們的社會產生什麼變化？

14.九〇年代的社會浪潮

新生財體系時期的社會變化

1. 天價的房子

70年代一坪一萬元的房子，80年代一坪10萬元的房子，到了90年就是天價了，一坪四、五十萬，一點也不稀奇了。天價有兩個意義，一個是非常貴，另外一個意義表示它已經到頂了。從這幾年日本東京房價跌到原來的40%的例子來看，台灣天價的房子也到頂了，早晚會跌下去，這也可以看出土地財閥在台灣的影響力會漸漸的減少。

2.第四台（有線電視台）

第四台現在是每日運動。早期第四台是偷偷摸摸，一下子被剪掉，一下子又接回來，但是台灣在沒有法律規範狀況下，為什麼會發展出第四台？就因為我們的生財體系變了，變成以知識創造財富的體系，接著社會也跟著感染，大家需要更多資訊，本來只有看三個電視台的機會，現在變成好幾十台、甚至無限多台的機會，這是一個在資訊社會裡的現象。當時就有人問台灣為什麼會發展得這麼快？我說，因為我們起初都是不合法，所有的節目都是弄來

台灣真是寶島,雖然有壞的地方,但也有很多好!

在國外看有線電視,看一台,一個月美金9元。

而在台灣,4500元看70台看一年,平均看一台,一個月只要五塊錢。可以看EXPLORE、DiSCOVERY CNN、CBS等頻道可以得到第一手資訊。

的,所以外國連日本、美國的發展都沒有台灣快速,後來乾脆就地合法納入管理,合法化後,現在台灣第四台的普及率說不定是世界第一、第二。

3.KTV文化

我們社會的活動也有變化,80年代高級的活動是去歌廳聽歌,到90年代我們台灣產生KTV,就是幾個人關在房間裡吃飯、喝酒、唱歌、跳舞,這是資訊社會的現象。過去工業社會裡,歌廳的節目是事先安排好的,在資訊時代裡,節目自己安排,今天你租房間付房費,其他的事情自己安排,這也充分表達這個社會在邁向資訊社會的一個現象。它的形成也是一個巧合,本來是MTV,隔一個小房間,給人看電影,後來抓版權遭到取締,一夜之間通通變成KTV,它也是一個知識創造財富下的犧牲品。台灣人善於絕處逢生,你抓電玩,他就變成電腦,你抓MTV,他就變成KTV。

DiSCOVERY

EXPLORE

CNN

CBS

4.人資產概念

傳統的財務報表裡，人，是費用；桌子、椅子是資產。但是在資訊時代裡，既然是以知識創造財富，那人就是資產。當一些民營銀行成立時，就有人開出年薪一億台幣去挖原來公營銀行的總經理或董事長，這個表示社會開始重視人資產。在股票狂飆的時候，台北一間證券公司所賺的錢，比南亞（台灣第一大企業）還要多。金錢遊戲對台灣來說，也是一個社會催化劑，催化大家知道資訊跟人的重要，在以知識創造財富的生財體系裡面，資訊跟人是非常重要的。

5. 政治人物狂熱

很多人講台灣是政治狂熱，我不以為然，應該只是政治人物狂熱。大多數人民都搞不清楚什麼叫政治，事實上，我們是跟著媒體走，今天朝這個政治人物，明天又朝另外一個政治人物而轉，這是台灣在90年代的社會現象。

接著讓我們看看90年代台灣的政治體系，在新的生財體系、新的社會體系出來後，政治體系產生什麼變化。

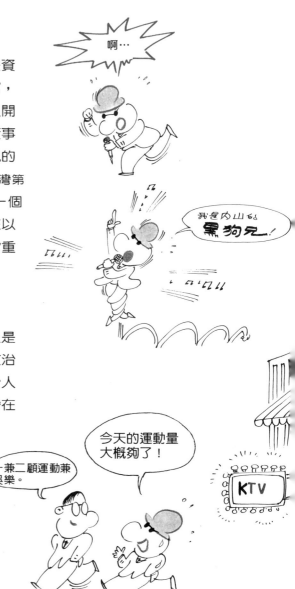

15.九○年代的政治浪潮

新生財體系時期的政治變化

1. 二月政爭

大家應該還有記憶，在90年初期，我們的二月政爭，最後李登輝、林洋港握手言和，言和後，就產生了李登輝時代。

2. 李登輝時代

李登輝以他個人的修養跟堅忍的性格，努力推行美式民主。中國幾千年的歷史包袱，再經過兩蔣統治的時代，政治領袖不只是大家的一個管理者，也是大家信仰的中心，最少也是信賴的中心。在老百姓的心態上，並不能接受沒有強勢政治領袖這回事，這個也就促成李登輝以他強勢的個性，造成新的李登輝時代。

3. 美式民主的追求

歷史的實驗已經證明，能讓工業社會和平轉移政權的政治制度有兩種，一種是美式民主，一種是英式民主。有人稱作總統制與內閣制，但我想用總統制與內閣制格局較小，它不只總統、內閣這樣簡單的

差異，而是兩個不同的民主制度。大家都瞭解在農業
社會，我們採用的是專制，當時因為山高皇帝遠，只
要有繳稅、不造反，其他的根本不干你的事。但是到
了工業社會以後，新的生財體系之下，大家往都市集
中，人跟人住的很近，就產生新的問題，這時候如果
繼續採用農業制度的政治體系的話，並不恰當。因為
有很多事情本來跟你無關，也會發生到你身上來，這
也是為什麼很多國家在產業革命工業化後，都會來一
個政治革命。英國來一個君主立憲，法國來一個大革
命，美國有南北戰爭。這些事情為何發生，依據托佛
勒博士的解釋，就是農業時代的政治要脫殼，變成工
業時代的政治，那是這兩種政治家的鬥爭。所以台灣
在農業時代的政治體系一直維持到80年，就維持不住
了，在80年代後期民進黨成立後，這種專制體制事實
上就崩潰了。現在追求的是美式民主，就是說在兩種
制度下，我們追求的是美式民主。

4. 媒體政治

這種美式民主就會引起媒體政治。事實上，很多人都
在說美國總統的選舉，媒體的比重占得很大，媒體政
治因而產生。目前台灣幾乎是世界上政治媒體密度最
高的地方。

5. 選舉全民運動

選舉變成一個全民運動，美國跟日本在選舉時投票
率不到50%，在台灣往往超過80%。

這是政治體系的改變，那我
們再看90年代新生財體系
下，思想體系有什麼改變！

16.九〇年代的思想浪潮

新生財體系時期的思想變化

1.社會適應症候群(農業人、工業人、資訊人雜處的時代)
我們出現了一個現象就是社會適應症候群。回顧從1950
年的農業時代，1960年到1990年的工業時代，1990年
以後的資訊時代，這些事情加起來還不到50年，所有的
人都還活著，所以我們現在的社會是三種文明人雜處的
時代，有農業人、工業人和資訊人
。如果看一看第四台，將節目全部瀏覽一遍，你就會知
道有那些節目存在，那些是適合農業人看，那些節目適
合工業人看，還有那些節目是專為資訊人而做的。

2.兩極分化(網路族、回到從前族)
　整個社會兩極分化。慢慢的到90年代越來越會兩極分化
，一個是網路族，另外一個是回到從前族。

a.網路族
網路不只是一種新科技，它所帶來最重要的概念是將人
們取得資訊、訊息的方式由被動接收方式(on receipt)轉
變成主動選取(on demand)方式。在網際網路出現以
前，人們對所有資訊、訊息的取得都是被動接收(on

receipt)的方式，就是人家提供給我們的，我們才接收得到，比如早上起來，人家將報紙送到門口，我們打開電視，或某人把書、雜誌寄來，圖書館或櫥窗也是人家擺出來的，我們才看得到，不擺出來的我們根本看不到。在網際網路出來後，是大家將所有訊息都存在電腦的磁碟裡，然後用網路連結，取得資訊的方法變成主動選取（on demand）的方式，就是我們透過網路，取得我們所需的資料。就像我要買一個東西，只要將規格明細輸入電腦，透過網路，電腦就會自己去找，變成主動去取得想要的資料。當然網際網路目前還是一個很原始的科技，但在未來我們可以看到更多的雙向訊息溝通工具，不但可on receipt也可以on demand。這些先進的年輕人已經變成網路族，你只要跟著網路族走，就會進入所謂資訊社會，變成徹徹底底的資訊人。

b.回到從前族

另外有一些農業人或工業人，他們或是拒絕改變、或是學不會電腦，看到電腦就逃走，這些人又不能站在中央，因為站在中央通常是最不安心的事情，慢慢的有些人就變成回到從前族。這就是為什麼我們最近看到有一些神棍，什麼都不會，就可騙到好幾億，就是受到回到從前族的支持。這是整個社會體系、思想體系兩極分化所產生出來的結果。

17.五十年來的省思

回首來時路，尋找台灣生命力，攜手開創新未來

我們從50年代的農業時代，看它的生財體系、社會體系、政治及思想體系，再從60年代到90年代工業化社會，從它的生財體系的改變，看到社會、政治還有它的思想都在改變，再過兩年多，就進入人類跨世紀的2000年。如果回顧台灣這50年的發展，對經濟有一些事情是值得我們檢討的，值得高興的則是，原本幾乎沒有工資，現在每月工資超過1,000美元，幾乎沒有國民所得，從當時每人國民所得80美元到今天的1萬多美元，幾乎沒有出口生意，從1億的出口變成1,000億美元的出口，本來沒有外匯存底，從0到現在接近1,000億美元的外匯存底。事實上包括這幾年廠商投資在國外或存在國外的錢加起來，我們台灣的財富遠大於我們自己的外匯存底。

1.負面的影響
就台灣這50年來講，我們有沒有負面的事情和影響？有的，根據高希均教授的分析，下面四個是台灣經濟發展過程中最大的負面影響。
a.環境惡化

滿街的垃圾和野狗。如果你像我一樣經常旅行世界各地，一定會覺得台灣很奇怪，怎麼可以把車隨意停在路邊，摩托車怎麼可以停在走廊，怎麼可以在走廊開餐廳等等，以台灣的經濟力量及開發程度，這樣的環境惡化是不可思議的。

b.社會成本過高
我們一定要燒死好多人，才知道去管理KTV，這就是社會成本過高。

c.特權與壟斷
5萬台幣造價的房子賣30萬，我們還要存錢去繳，這就是社會裡面土地壟斷的結果。這幾年最可笑的事應該要屬台北的捷運了，去年我看到電視報導，世界上最窮的城市之一加爾各答的地鐵通車了；我們花了將近180億美元，還沒有通車，這就是特權跟壟斷在土地跟公共建設上所帶來的負面影響。

d.秩序與法令不彰
國會打架以後，在法令本來就不彰的情況下，更是越來越糟糕。

2.看不見的力量
如果新興的國家學台灣經驗能避開這四點，就能做

得很好，事實上我也不完全這樣想，在所有壞的事情裡面，可能也有隱藏一些好的事情。我們常常講，在台灣這樣惡化的環境，但還是有很多人很努力在做事，在做好事。很多公務人員薪水並不高，但每天還是加班到很晚，為何在這樣的狀況之下，人心沒有變壞，好人還是居多數，是不是有其他我們看不見的力量，就像我們一直批評的填鴨式教育，倒也填出很多人才來，這就是我常常說的，台灣人有一種看不見的力量。我記得以前看過一則故事，說有一個人看到人家在鬥鳥，就是兩隻鳥鬥，鬥贏的那隻鳥的主人可以贏錢的一種賭博遊戲，他的朋友勸他去玩鬥鳥，那個人就買了100隻鬥鳥，回去將這100隻鬥鳥都關在一個籠子裡，第二天一看，100隻只剩下一隻，其他的都死掉了，他就打電話給他的朋友說，你叫我去買鬥鳥，結果鬥鳥通通死了，他的朋友說，你怎麼那麼笨，鬥鳥天生就是有鬥性，不能放一起，這樣當然全部鬥死掉了，那你再去買吧！那時他說：「不，我還剩下一隻。」這個朋友拍案叫絕說：「那不得了，這一隻一定很厲害！」我們台灣人也是一樣，經過如此惡劣環境、壟斷、社會秩序不彰還能生存得很好，那就是有看不到的力量。這也是我個人一直覺得很驚奇的，也是因此我一直有信心，認為台灣前面的路會很好的。

最後來看看這樣演變下去，在2000年未來的日子，我們會變成怎樣？

在這裡我以預測生財體系為主，因為生財體系有變化，其他體系也會跟著變化。

Chapter **6**

未來的日子 —— 西元2000年，理想再燃燒

生為一個人的意義，不在於他得到什麼，而在於他渴望得到什麼。
——吉布蘭

18.開創新未來

西元2000年趨勢大預測,電子資訊業成為產業重心

1.單產業國家(資訊工業及其相關產業占出口50%以上)
不管我們高不高興、喜不喜歡,台灣在2000年都會
變成一個單產業國家。這個產業就是目前已經占我
們25%的電子資訊業,繼續發展下去,未來資訊工業
及其相關的產業會占我們50%的出口,就像過去的瑞
士一樣,它的鐘錶業占它接近50%的出口,變成所謂
單產業國家。這只是強調,並不是說這個國家只有
一個行業可做,是說這行業占出口的比重會達到
50%,我們的資訊工業如果繼續發展,我們的半導體
工業,會變成以資訊工業為中心的半導體工業,我
們的精密機械加工業,會變成以資訊工業為核心的
精密加工業,我們的通訊產業,會變成以電腦通訊
介面(PC Communication)為核心的工業,還有其他
的工業,也會配合我們的資訊工業,變成資訊工業
的相關產業,這些的總和會占我們50%的出口,成為
一個單產業國家。

因為這樣,我們會發現電子財閥出現。

2.電子財閥——外銷產物

今天我們已經可以看到很多電子公司在過去幾年，動不動就賺進50億、100億，我們很容易預測在未來幾年，這些做外銷而產生的電子財閥會取代土地財閥。這些受過較高教育的財閥對社會的影響、政治面的影響都會造成不同的結果。

3.媒體巨人——內銷產物

在內銷方面，我們發現了媒體巨人。因為網際網路雙向溝通主動選取（on demand）的系統，很多傳統的內銷產業都會被取代，我們會用網路作銀行、保險、百貨公司等等，事實上現在第四台的媒體巨人已經慢慢形成，有一些電視台在去年總統選舉時，光一個電視辯論節目，一個月就賺進幾億台幣的廣告費，可看出媒體包括KTV這種活動在內都已經是內銷的主力了。未來的社會，我們會看到媒體的巨人會囊括內銷主要的市場。

4.資訊文明的先驅

新生財體系——以知識創造財富

最後，我們相信台灣在2000年以後，會很快的建立以知識創造財富為核心的資訊文明，我們會成為世界上少數很早進入資訊文明的國家。我們在新的生財體系上，會產生新的社會體系，產生新的政治體

系，甚至新的思想方式。

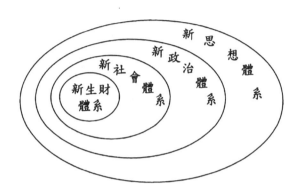

智慧、技術、知識、創意
只要善用，皆可生財。

Chapter **7**

感謝 —— 謝謝大家

如果我們沒有看到天堂，我們就有需要創造天堂。
——佚名

Made in Taiwan
台灣經濟的苦難與成長

在此特別感謝李國鼎資政的指導和序言，感謝台灣經濟研究院吳榮義院長的鼓勵和序言，感謝葉紫華（施振榮夫人）、章青駒（前電子所所長）親自為本書訂正，更要感謝許多為本書默默耕耘的幕後英雄，也同時讓我們一起來心懷感謝孕育你我的台灣經濟。

【後記】

漫畫家眼中的台灣經濟50年

——蔡志忠的漫畫日記

1948年2月2日

我出生在台灣中部一個靠山的小村落，我們住地方叫做花壇。
花壇雖然不如其名，並沒有滿鄉花朵如壇，山不夠明，水不夠秀，但還堪稱是個美麗的地方。

小的時候我們從不自稱自己是花壇人，而稱茄冬下人。「茄冬下」是花壇的別名，花壇雖然沒有花如壇，但倒是有一棵200多歲的大茄冬，就長在離我的家約500公尺的地方……

小時候的玩伴

我妹妹

我們的鄉叫做茄冬下，
而我……
正是茄冬下的小男孩。

茄冬下的小男孩　素描

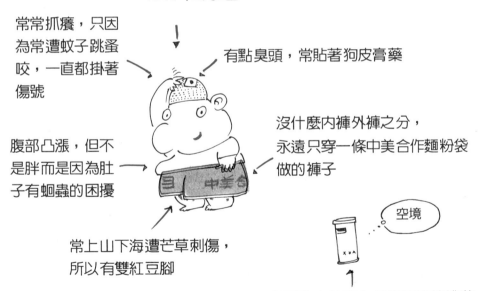

生日
1948年2月2日

常常抓癢，只因為常遭蚊子跳蚤咬，一直都掛著傷號

有點臭頭，常貼著狗皮膏藥

腹部凸漲，但不是胖而是因為肚子有蛔蟲的困擾

沒什麼內褲外褲之分，永遠只穿一條中美合作麵粉袋做的褲子

常上山下海遭芒草刺傷，所以有雙紅豆腳

空境

有個私人並寫上名字的竹筒撲滿，但裡面從來都沒有隔夜的銅板

1951年 春天

我，可以說是吃美國的營養長大的……

我一出生就毫無選擇的被父母帶去聖堂給美國來的柯神父受洗。

教堂像是一個通往西方的窗口，從這個窗口可以接觸到西方的宗教哲學，也可以接觸到漫畫，西方文明……甚至牛油、牛奶、衣服，而這些深深地影響著我的一生。

奉主基督之名，阿門！

哇

阿門！

2、3歲時就在教堂裡接觸到彩色漫畫，或許是因此使我成為一個漫畫家的緣故。

POPEY

上帝說：「有光！」於是這個世界就充滿著光明。

而道理班裡所教的舊約、新約的故事，的確吸引了我養成長大很喜歡哲學思想的一個重要源起。

教會大約每隔一個月就會分發美援物質給予教區裡的教友……

美國的牛油、牛奶、玉米粉充足的營養使得我因此變得更聰明也說不定……

但是，美國的衣物卻使我嚐盡了苦頭。

媽媽！美國的蟲蟲咬我

97

1952年　夏天

舅舅是個水果小販，夏天水果季節時他身上的流動資金很足，因此他是我唯一零用錢的來源。

木瓜！

龍眼

阿舅！

好

好

好

阿舅！

阿舅！

每當舅舅要去商店經過我們家門口時，我總是跑到路上去攔住他看看他耳朵裡有沒有存放小額游資。

由於鄉下人平時只穿汗衫和短褲沒有口袋放錢，於是耳朵便是臨時的零錢保險庫⋯⋯

阿舅！兩毛錢給我！

2毛錢 →

好

好

好

Made in Taiwan
台灣經濟的苦難與成長

小時候很窮，身上難得會有隔夜的游資……不過每個小孩倒都會擁有一個父親做的銀行私人戶頭。

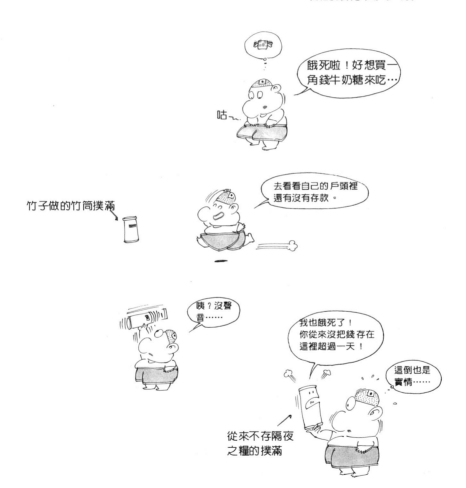

餓死啦！好想買一角錢牛奶糖來吃……

咕～

竹子做的竹筒撲滿

去看看自己的戶頭裡還有沒有存款。

咦？沒聲音……

我也餓死了！你從來沒把錢存在這裡超過一天！

這倒也是實情……

從來不存隔夜之糧的撲滿

1953年 夏天

華電牌高腳立扇是我們家裡的第一件高級科技產品,當時也是我家中最貴的物品,價值台幣**900**塊錢,剛好是我父親的兩個月薪資。

哈還會搖來搖去呢!

小心別玩壞,這是你爸爸向農會貸款900塊錢買的呢!

貸款是什麼意思?

兩個月薪水吹來的風,當然比一塊錢買的扇子涼快!

1953年 秋天

鄉下吃飯的菜餚，雖然都很簡單，
但倒都是自己種的有機食品。沒有
化學肥料，也沒噴農藥……

菜圃蛋、韭菜、
茄子、高麗菜……

周遊列國
去……

阿忠啊！一碗飯要
端到美國吃嗎？

我妹妹

沒有到美國，只有
到隔壁阿美的家而
已啦！

左鄰右舍繞一圈下
來，就有內容做晚
間新聞報告。

隔壁阿英有沒有
從台北回來嗎？

啦…

1953年 冬天

大部分的鄉下小孩小學畢業後，都離鄉到都市工作賺錢幫忙養家。

當時最普遍的工作是…男生當水泥小工，女生則是替都市人家煮飯、洗衣做傭人。而如果能到紡織工廠當女工，就是高尚的職業……

媽媽！隔壁的阿英從台北回來了。

是啊！

阿英，回來過年呀？

在織布工廠工作…

阿英妳在台北做什麼好的工作呀？

哇！

才不是呢！她弟弟跟我說她是在台北替人家煮飯帶小孩做傭人。

做傭人也是工作呀！別笑人家…

1954年9月

我滿6歲時就比別的小孩早一年上小學了。
當時最大的夢想是希望能擁有一整盒配備齊全
的鉛筆盒,因為我從小就知道工欲善其事,必
先利其器的道理了……

彩色塑膠鉛筆盒、兩色
橡皮、15公分尺、刀片
、香水鉛筆……

這個美夢做了一年,一直沒有實
現,直到有一天我不小心撿到一
個皮包……

哈!有15
塊錢!

領賞!

乖!

我當然沒遵照老
的把錢包交給警
而是把它交給媽
並領了三塊半錢
金。

美夢成真了!
雙色橡皮擦3角,刀片
5角,帶橡皮擦的黃鉛
筆2角,粉紅色香水鉛
筆5角,15公分尺有緞
帶小尺5角,彩色塑膠
鉛筆盒1元2角,還剩
3角買冰棒和玻璃彈珠
……

刀片
雙色橡皮
黃鉛筆
香水鉛筆

原有的木頭油漆的有機鉛筆
盒自然就BYE BYE退休了

1958年 秋天

9分田

一甲山
等於28000元

好。

以後你們自己
成家立業去。

我們家原本有9分地水田和一甲山。後來，二哥結婚之後父親把那一甲山給了二哥當做預分家產並令他自立門戶自己去營生……

但二哥把這座一甲的山賣了，得款28000元剛好夠買一部機車

噗

噗

噗

一整座山才換得一部機車……第一次感受農業文明不值錢，工業文明比較貴！

200CC機車＝28000元
一甲山＝28000元
一部機車＝一甲山

1963年　夏天

1963年7月25日下午，我身上帶著父親和姐夫給的200元，搭下午2點的平快車到台北來畫漫畫……

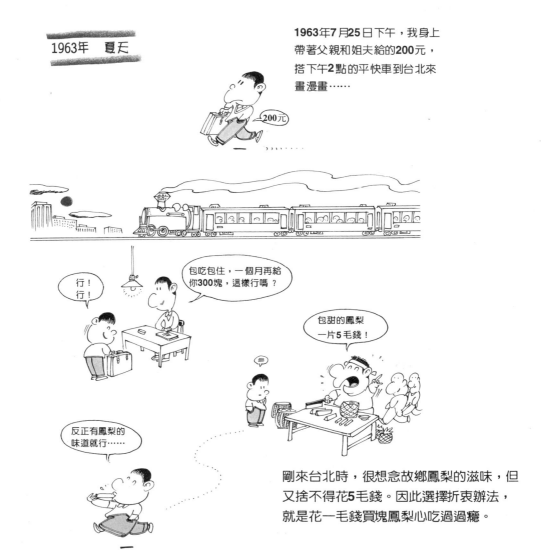

剛來台北時，很想念故鄉鳳梨的滋味，但又捨不得花5毛錢。因此選擇折衷辦法，就是花一毛錢買塊鳳梨心吃過過癮。

1965年 夏天

1965年我在當時全台灣最大的漫畫出版社「文昌」畫漫畫，
一張6元，一本150頁900元。
我一個月大約可以畫好一本半，
收入1350元。

每當交稿領了錢，我總是放自己一天假，到西門町武昌街的花花少爺訂做一件衣服，並且看一場好來塢電影……

回來時，總不會忘記買件小禮物來巴結老板的大兒子，
因為他掌握著看電視的生殺大權。

你對我很好，你可以看電視……

誰對我不好……就不准他到我們的客廳來看電視。

COMBAT

別擠！

勇士們很好看！

沙漠之鼠更好看。

我喜歡看七海遊俠和影城疑雲。

好熱…

1968年 夏天

1968年9月24日，入伍當兵的前兩天，
我到員林戲院看了一場韓國片
『秋霜寸草心』，被戲中的劇情感動得要命……

來！晚飯就吃三個蘋
果代替…

要吃飯，
不要吃蘋
果‥

哇//

哇//

但我始終不能體會劇中那
三個被母親拋棄的小孩，
每個人分得三個蘋果當晚飯
吃，為何還哭得像悲慘世界？

我這輩子都還沒吃過一
整顆蘋果，真不懂這些
韓國小孩為何不知好歹
……

從來都捨不得一口氣吃完
一整顆蘋果的台灣小孩

1970年　夏天

我當兵的第三年，台灣最大的災難不是退出聯合國，而是七虎少棒隊在威廉波特竟然輸給了波多黎各……

由於剛退出聯合國（1971年），基於民族自尊心的作用，也引發了後來的青棒、少棒、青少棒球隊，年年去美國打世界杯，並奪得『三冠王』的美譽…

派兵去攻打波多黎各報仇！

真不敢相信七虎少棒這麼強，怎麼會輸了？

裁判不公平啊！

可惡！

退伍後到光啓社上班,也開始嚐試交女朋友⋯⋯
當時的年輕人都以能去美國留學為榮,男的大專生
不論有沒有出國計劃,也都嘴裡說有。
而女生也經常聲稱有正在美國念書的男朋友⋯⋯

1976年　秋天

在光啓社上班了五年，薪水從**1971**年的月薪**2900**元，逐漸躍昇為**1973**年的**5400**元、**1975**年的**9200**元、**1976**年的**11400**元……

到底是薪水加多了？還是台幣變薄了？

雖然陽春麵從1塊半漲到10元，但生活的確富裕得多……

可是房子卻從一坪6000元漲到四萬多，變成上班族買不起的地步……

1977年 新春

1977年春節過後,我成立了
卡通公司自己當老板。

當時所有台北新興行業的老板們,都
是剛30出頭左右,從農村到台北打拚
的戰後新生族。由於年紀、出身背景
相仿,互相間的合作、溝通自然容易
得多……

開了**7**年卡通公司除了拍無數的卡通廣告之外，還拍了老夫子、烏龍院等**3**部電影長片，公司也賺了一點錢。

1984年　元月

今年大家辛苦了，年終獎金發1個半月，高興了吧！

才不高興呢！人家電腦公司發了9個月年終獎金呢！

哈哈！雖然卡通業跟電腦一樣都是工業，但人家是電腦工業而我們卻是手工業！哈哈哈…

1984年底，我深深體會到電腦工業是個未來將叱吒風雲的新興工業，而卡通卻是即將被電腦替代的夕陽工業……所以，我結束了卡通公司，一個人出來畫漫畫，也因此才有大醉俠、莊子說等作品的出現。

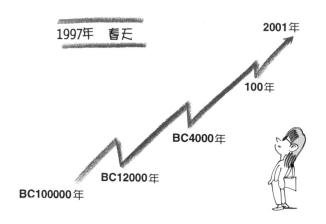

1997年　春天

2001年

100年

BC4000年

BC12000年

BC100000年

人類文明的躍昇
從來都不是平順、
逐漸式的進步，
人類文明是
突破、爆炸式
的少數幾次大躍
昇而突飛猛進……

自從800萬年前，人類的祖先由樹上爬下來朝
向草原發展以來，在這麼長遠時空的過程中，
令人類走到今天這個局面，其實嚴格來說只因
為其中的幾個關鍵……

火的掌控

語言文字
的創造

輪子的
發明

科技的發明
與應用

畜牧與農業
的發展

而這幾百萬年來的知識、科技全都加起來，恐怕也比不上近幾十年來現代人所創造出來的科技文明的成就高。

今天全球即將進入一種嶄新的電腦資訊時代，沒有人能自外於這個體系 ，而再過幾年我們也即將進入21世紀……

以人類的有限 年齡，大約30代才能碰上一次跨越1000年的世代，我們有幸能生長在這跨越世紀與資訊電腦的時間裡…

大家應把握住這千載難逢的機會，共同努力創造出自己的未來、台灣的未來和世界的未來。下一代的人，生活得如何，得視我們現在做得如何而定……

而我們自己呢？我們正是設計未來的一代！

加油！

Smile 09

台灣經濟的苦難與成長

作者：溫世仁　　繪圖：蔡志忠

責任編輯：韓秀玫

封面設計：何萍萍

美術編輯：冰塊工作室

法律顧問：全理律師事務所董安丹律師

發行人：廖立文·出版者：大塊文化出版股份有限公司

台北市105南京東路4段25號11樓　**讀者服務專線：080-006689**

TEL：(02) 87123898　　FAX：(02) 87123897

郵撥帳號：18955675　　戶名：大塊文化出版股份有限公司

e-mail:locus@locus.com.tw

版權所有·翻印必究

總經銷：大和書報圖書股份有限公司

地址：台北縣三重市大智路139號

電話：(02)9818089(代表號) 傳真：(02)9883028 9813049

製版印刷：源耕印刷事業有限公司

初版一刷：1997年5月

初版9刷：2004年3月

定價：新台幣120元

ISBN 957-8468-13-x

Printed in Taiwan

copyright© 溫世仁 1997

Made in Taiwan
台灣經濟的苦難與成長

國家圖書館出版品預行編目資料

台灣經濟的苦難與成長／溫世仁著；蔡志忠繪
圖．－初版．－臺北市：大塊文化，1997〔
民86〕
面；　公分．－－ (Smile；9)
ISBN 957-8468-13-x (平裝)

1.經濟—台灣—歷史

552.28329　　　　　　86004898

台北市羅斯福路六段142巷20弄2-3號

廣 告 回 信
台灣北區郵政管理局登記證
北台字第10227號

大塊文化出版股份有限公司　收

地址：＿＿＿市／縣＿＿＿鄉／鎮／市／區＿＿＿路／街＿＿段＿＿巷

弄＿＿號＿＿樓

姓名：

大塊
LOCUS
文化

編號：SM009　　書名：台灣經濟的苦難與成長

讀者回函卡

謝謝您購買這本書，為了加強對您的服務，請您詳細填寫本卡各欄，寄回大塊出版 (免附回郵) 即可不定期收到本公司最新的出版資訊，並享受我們提供的各種優待。

姓名：_____ **身分證字號**：_____

住址：_____

聯絡電話：(O)_____ (H)_____

出生日期：_____年_____月_____日

學歷：1.□高中及高中以下　2.□專科與大學　3.□研究所以上

職業：1.□學生　2.□資訊業　3.□工　4.□商　5.□服務業　6.□軍警公教
7.□自由業及專業　8.□其他_____

從何處得知本書：1.□逛書店　2.□報紙廣告　3.□雜誌廣告　4.□新聞報導
5.□親友介紹　6.□公車廣告　7.□廣播節目8.□書訊　9.□廣告信函
10.□其他_____

您購買過我們那些系列的書：
1.□Touch系列　2.□Mark系列　3.□Smile系列

閱讀嗜好：
1.□財經　2.□企管　3.□心理　4.□勵志　5.□社會人文　6.□自然科學
7.□傳記　8.□音樂藝術　9.□文學　10.□保健　11.□漫畫　12.□其他____

對我們的建議：_____

_____

_____

LOCUS

LOCUS

LOCUS

LOCUS